Murtazain Raza

Impacto do preço de apoio na indústria açucareira do Paquistão

Murtazain Raza

Impacto do preço de apoio na indústria açucareira do Paquistão

Indústria açucareira do Paquistão

Imprint

Any brand names and product names mentioned in this book are subject to trademark, brand or patent protection and are trademarks or registered trademarks of their respective holders. The use of brand names, product names, common names, trade names, product descriptions etc. even without a particular marking in this work is in no way to be construed to mean that such names may be regarded as unrestricted in respect of trademark and brand protection legislation and could thus be used by anyone.

Cover image: www.ingimage.com

This book is a translation from the original published under ISBN 978-620-2-02919-3.

Publisher:
Sciencia Scripts
is a trademark of
Dodo Books Indian Ocean Ltd. and OmniScriptum S.R.L publishing group

120 High Road, East Finchley, London, N2 9ED, United Kingdom
Str. Armeneasca 28/1, office 1, Chisinau MD-2012, Republic of Moldova, Europe
Printed at: see last page
ISBN: 978-620-8-19008-8

Autores:

1. Murtazain Raza, bolseiro de doutoramento em Ciências Sociais Universidade de Hamdard, Instituto Hamdard de Educação e Ciências Sociais, Campus Principal, Carachi, Paquistão www.murtazainraza.com

2. Dr. Farooq Aziz, Membro da Faculdade de Economia, Instituto Hamdard de Educação e Ciências Sociais, Universidade Hamdard, Campus Principal, Karachi, Paquistão.

Instituto Hamdard de Educação e Ciências Sociais

UNIVERSIDADE DE HAMDARD

7 de setembro de 2017

ÍNDICE DE CONTEÚDOS

RESUMO

O preço médio do açúcar/kg atingiu 43,39 rupias em 2008-09 e 28,62 rupias em 2007-08 no mercado retalhista: o preço médio por grosso, incluindo o imposto sobre as vendas, atingiu 38,18 rupias em 2008-09 e 24,82 rupias em 2007-08 no mercado grossista. Os preços do açúcar subiram devido à situação entre a oferta e a procura. A oferta no mercado não é suficiente para satisfazer a procura atual. A principal razão para o atual aumento dos preços do açúcar é criada pelos açambarcadores, grossistas e proprietários de moinhos. Se não for fixado um preço de apoio para a cana-de-açúcar, os moinhos efectuarão a colheita em função da oferta e da qualidade da cana. Uma vez que não é possível aumentar a área cultivada com cana-de-açúcar, o segundo passo sugerido é empreender esforços para desenvolver novas variedades que ofereçam maior rendimento e recuperação.

Tal resultará numa maior produção de cana-de-açúcar e em melhores rendimentos para os produtores sem aumentar os preços de apoio, numa melhor utilização da capacidade das fábricas, numa maior produção de açúcar, numa redução do custo de produção por quilograma de açúcar, em mais receitas para o governo, em preços estáveis para os consumidores e em melhores dividendos para os acionistas das sociedades anónimas.

A indústria açucareira merece um preço de mercado justo, tendo em conta o seu custo de produção mais a rentabilidade económica do capital próprio. Uma vez que o custo de produção do açúcar depende inteiramente, em cerca de 85%, do quadro político governamental, só o governo deve resolver as questões pendentes.

Nenhuma indústria pode florescer sem o apoio promocional da investigação e desenvolvimento. Infelizmente, este apoio não existe desde o início. Consequentemente, o potencial da indústria açucareira ficou adormecido. Este domínio exige atenção. Uma vez que não é possível aumentar a área cultivada com cana-de-açúcar, o segundo passo sugerido é envidar esforços para desenvolver novas variedades que ofereçam maior rendimento e recuperação. Tendo em conta a importância da cana-de-açúcar, foi efectuado o presente estudo sobre o rendimento da cana-de-açúcar no Paquistão. A necessidade de tecnologias mais recentes para mitigar os factores de risco e evitar enormes perdas de existências devido ao avanço tecnológico, os sectores agrícolas melhoraram, por exemplo, na Malásia, na Índia, na Indonésia, no Brasil e no Egito, que são enormes produtores de energia em comparação com outros países.

Classificação JEL: D24, E24, E32, F16, J24, J43, Q11, Q13,

Palavras-chave: Produção, Emprego, Flutuações Empresariais, Interações entre Comércio e Mercado de Trabalho, Capital Humano, Mercados de Trabalho Agrícola, Análise Agregada da Oferta e da Procura, Mercados Agrícolas

CAPÍTULO 1. INTRODUÇÃO

O açúcar é uma mercadoria de mercado livre comum a nível nacional, criando uma tendência de preços idêntica. Este facto é reforçado pelo facto de o açúcar ser um produto sem identidade de marca. O açúcar é um ingrediente vital na maioria dos nossos artigos de consumo quotidiano. Por exemplo: Refrigerantes, sumos, chás, bolachas, doces, sobremesas de pastelaria, indústria farmacêutica, etc.

O aumento do número de fábricas de açúcar em meados da década de 1980, de uma forma não planeada, que resultou em quebras na disponibilidade de cana-de-açúcar e na subutilização da capacidade das fábricas de açúcar, juntamente com o aumento regular do preço de apoio fixado pelo governo, foram factores responsáveis pelo aumento do custo de produção do açúcar. Uma vez que a natureza da produção é sazonal e o consumo continua ao longo do ano, os custos financeiros incorridos com o transporte durante mais de seis meses reduzem as margens de lucro ou aumentam as perdas acumuladas das fábricas.

O baixo rendimento e a produção estagnaram nas duas últimas décadas devido a recursos limitados e a outros factores inevitáveis. A principal razão para o baixo rendimento da cana é a falta de variedades de elevado potencial, recursos de irrigação e tecnologia limitados. A autossuficiência em açúcar é um objetivo, mas que até à data se tem revelado ilusório.

A produção de cana-de-açúcar nunca poderá ser melhorada enquanto não forem adoptadas em grande escala variedades e tecnologias promissoras. Todas as fábricas estavam estabelecidas em zonas de cultivo de cana-de-açúcar de primeira qualidade, onde as fábricas em atividade tinham despendido recursos para educar os agricultores no sentido de obterem melhores rendimentos e tinham concedido créditos a curto prazo aos agricultores para a aquisição de sementes, fertilizantes e instrumentos agrícolas.

A cana-de-açúcar é a principal matéria-prima para a produção de açúcar. Desde a independência, a área cultivada tem aumentado mais rapidamente do que qualquer outra grande cultura. É uma das principais culturas no Paquistão, cultivada numa área de cerca de um milhão de hectares. O desenvolvimento económico de Sindh depende em grande medida do progresso e do crescimento do sector agrícola. A província contribui significativamente para a produção agrícola nacional global nas principais culturas: Produção nacional de 32% no arroz, 24% na cana-de-açúcar, 12% no algodão e 21% na produção de trigo.

CAPÍTULO 2. PREÇO DE APOIO DA CANA-DE-AÇÚCAR E PRÉMIO DE QUALIDADE

O prémio de qualidade foi introduzido em 1980-81 com o objetivo de melhorar a qualidade da cana e a recuperação do açúcar. Inicialmente, foi estabelecido que as receitas adicionais resultantes de uma recuperação mais elevada seriam partilhadas em 25% pelos agricultores e em 75% pelas fábricas.

Os valores de referência para a recuperação foram fixados em 8,5% para Punjab e NWFP e em 8,7% para Sindh. No entanto, em vez de orientar o regime para a eficiência, as taxas fixadas para a partilha do benefício adicional entre os produtores e as fábricas foram gradualmente reduzidas a favor dos produtores.

Posteriormente, em 1982-83, foi fixado em 9 paisa por unidade de recuperação acima de 8,7% para Sindh, tendo sido aumentado para 11 paisa em 1983-84, 14 paisa em 1986-87, 18 paisa em 1980-90, 19 paisa em 1990-91, 22 paisa em 1992-93, 27 paisa em 1995-96, 32 paisa em 1997-98 e 50 paisa em 1998-99 em diante, sem qualquer consideração pelo preço máximo da cana, o preço do açúcar e o seu custo de produção. O valor de referência da recuperação do açúcar tem-se mantido constante em 8,7% nas últimas três décadas. Esta situação não corresponde à lógica da jurisdição económica.

O aumento do preço do açúcar em 1998-99 na província de Sindh, que resultou num pagamento ao produtor 20% superior ao benefício total da recuperação adicional, obrigou os moinhos de açúcar do Punjab a recorrerem à justiça após terem esgotado os outros meios de corrigir a grave distorção exorbitante. Em janeiro de 1995, o Supremo Tribunal de Lahore considerou "ilegal e com autoridade legal" qualquer pagamento adicional para além do preço.

O prémio de qualidade só é aplicado em Sindh. Não está a ser notificado ou aplicado nas outras duas províncias, Punjab e Khyberpakhtunkhwa, desde 1995. A aplicação isolada do prémio de qualidade numa das três províncias é discriminatória e injusta.

É importante que sejam adoptadas medidas para reduzir o custo de produção do açúcar, melhorando a qualidade da cana-de-açúcar através do melhoramento das variedades, melhorando o sistema de fornecimento de cana às fábricas e restringindo o lixo fornecido com a cana a um limite de 0,25%.

No que se refere à estrutura dos preços, deve ser seguida uma política comum em todo o país, tendo em conta o desequilíbrio na relação custo/preço, agravado no caso de Sindh pelo facto de apenas 50/55% da sua produção ser consumida em Sindh e de a sua indústria açucareira ter de depender fortemente da venda noutras zonas do país e da exportação para o estrangeiro.

O prémio de qualidade é um caso isolado de Sindh e fez aumentar substancialmente o custo de produção do açúcar para as fábricas de açúcar da província. Consequentemente, a capacidade concorrencial da indústria açucareira de Sindh foi afetada e esta tem de sofrer pesadas perdas devido à criação artificial de um desequilíbrio e de uma desigualdade. A PSMA registou o facto histórico de que, durante os anos de baixa produção de cana-de-açúcar, a percentagem de cana-de-açúcar fornecida às fábricas desce drasticamente até 20% e vice-versa, ao passo que,

durante os anos de colheitas elevadas, o fornecimento às fábricas é elevado.

9

CAPÍTULO 3. PREÇO MÍNIMO DO AÇÚCAR

O preço mínimo da cana-de-açúcar para a campanha de 2008-09 registou um grande salto de 18 rupias por 40 kg, ou seja, 450 rupias por tonelada, para 81 rupias (63 rupias), um aumento de 28,57% para Sindh. Do mesmo modo, foi fixado em 80/= rúpias (60/= rúpias) para Punjab e Khyberpakhtunkhwa.

Devido à escassez de cana-de-açúcar, as fábricas de açúcar enfrentaram grandes dificuldades para obter cana-de-açúcar, mesmo mediante o pagamento de um preço mais elevado, que chegou a atingir 150 rupias por tonelada nalguns casos, para o funcionamento das suas fábricas. Tiveram de pagar mais 1.725/= por tonelada para comprar cana-de-açúcar, o que representa cerca de 80% do custo de produção do açúcar. O pagamento suplementar fez aumentar ainda mais os custos de produção.

No passado, o preço mínimo da cana-de-açúcar foi aumentado de Rs.1/= a Rs.2/=. Este ano, o aumento de Rs.20/= no preço da cana-de-açúcar foi o mais elevado de sempre. O governo está empenhado em aumentar o preço mínimo da cana-de-açúcar de forma discriminatória, mas não tem em conta as propostas da PSMA no sentido de fixar o preço do açúcar em função do aumento do preço da cana-de-açúcar para fazer face à escalada dos custos de produção.

Se o preço do açúcar aumenta um pouco no mercado, todos os funcionários do governo são considerados extraordinariamente sensíveis e activos. Contra as fábricas de açúcar, como se viu na recente situação do açúcar, mas, por outro lado, ignoram o que está a acontecer nos campos de cana-de-açúcar. Não são tomadas medidas contra os comerciantes negros e os intermediários pelo aumento ilegal e arbitrário da política da cana-de-açúcar. Exortamos mais uma vez o governo a elaborar uma política do açúcar sólida e viável para a sobrevivência da indústria açucareira.

O preço mínimo da cana-de-açúcar anunciado para a próxima campanha de 2009-2010 é também mais elevado, ou seja, 100 rupias/= (80 rupias) para o Punjab e 102 rupias/= (81 rupias) por 40 kg para Sindh. O preço é superior em 20/= rupias, ou seja, 25% para Punjab e 21/= rupias, ou seja, 26% para Sindh. Nos quadros que se seguem, é apresentada a posição do aumento da cana-de-açúcar, o preço do açúcar correspondente e o início da campanha.

CAPÍTULO 4. PROBLEMAS DE VOLATILIDADE DOS PREÇOS DOS PRODUTORES DE CANA-DE-AÇÚCAR E DOS PROPRIETÁRIOS DE ENGENHOS:

A indústria açucareira sempre sofreu com os conflitos entre produtores e proprietários de fábricas. No entanto, o aumento persistente do preço de apoio da cana-de-açúcar é considerado a causa principal do atual problema. Se o preço de apoio não for fixado para a cana-de-açúcar, as fábricas aumentarão a colheita em função da oferta e da qualidade da cana. Uma vez que não é possível aumentar a área cultivada com cana-de-açúcar, o segundo passo sugerido é empreender esforços para desenvolver novas variedades que ofereçam maior rendimento e recuperação.

Tal resultará numa maior produção de cana-de-açúcar e em melhores rendimentos para os produtores sem aumentar os preços de apoio, numa melhor utilização da capacidade das fábricas, numa maior produção de açúcar, numa redução do custo de produção por quilograma de açúcar, em mais receitas para o governo, em preços estáveis para os consumidores e em melhores dividendos para os acionistas das sociedades anónimas.

A indústria açucareira merece um preço de mercado justo, tendo em conta o seu custo de produção mais a rentabilidade económica do capital próprio. Uma vez que o custo de produção do açúcar depende inteiramente, em cerca de 85%, do quadro político governamental, só o governo deve resolver as questões pendentes.

Média mensal dos preços de retalho do açúcar - I

YEAR/MONTH	2005	2006	2007	2008	2009
JANUARY	24.35	29.49	31.55	26.06	39.38
FEBRUARY	27.00	35.05	30.83	25.73	42.63
MARCH	26.33	35.61	30.63	25.44	44.79
APRIL	26.27	36.77	30.25	25.18	-
MAY	26.15	36.32	29.85	28.45	-
JUNE	26.46	34.91	28.38	29.75	-
JULY	28.06	35.06	29.20	31.68	-
AUGUST	27.85	34.98	30.17	32.70	-
SEPTEMBER	26.65	33.43	29.85	33.44	-
OCTOBER	26.71	32.87	29.36	37.61	-
NOVEMBER	27.50	33.15	28.75	37.72	-
DECEMBER	28.47	3.0.86	26.89	35.59	-
AVERAGE	26.82 $0.45 USD1=Rs.61	34.08 $0.57 USD1=Rs.61	29.64 $0.49 USD1=Rs.61	30.80 $0.38 USD1=Rs.80	42.27 $0.53 USD1=Rs.80

Fonte: Relatório anual de 2008-09 da Associação das Fábricas de Açúcar do Paquistão

O governo abandonou a prática de fixar o preço de apoio do algodão, porque é que o mesmo não pode ser feito no caso da cana-de-açúcar? Deixemos que seja o mercado a determinar o preço da cana-de-açúcar e do açúcar. O governo pode continuar a desempenhar o papel de interveniente, não permitindo que os preços ultrapassem uma determinada margem.

CAPÍTULO 5. FLUTUAÇÃO DO PREÇO DA CANA-DE-AÇÚCAR E RENDIMENTO DA PRODUÇÃO

Para a época atual, o Governo de Sindh, através da Notificação n.º SCB/721, de 20 de outubro de 2010, anunciou um preço mínimo de apoio à cana-de-açúcar de Rs.127/= por 40 KGS, contra Rs.102/= fixado no ano passado. Isto indica um aumento de Rs.25/= por 40 KGS de cana-de-açúcar ou 24,51 por cento em relação ao ano anterior.

"Preço da cana-de-açúcar fixado em Sindh: O Governo fixou 127 rupias por 40 kg para a aquisição de cana-de-açúcar para a próxima época de moagem". (Business Recorder, Karachi, 21 de outubro de 2010) ".

Isto significa que os produtores de cana-de-açúcar receberão um preço mínimo de 127 rupias por 40 kg de cana-de-açúcar + (mais) 0,50 rupias por cada 0,1 por cento de recuperação em excesso de 8,7% por conta do prémio de qualidade. Em anexo, os preços médios mensais de venda a retalho do açúcar (rupias por quilograma) - II.

Table: **Monthly Average Retail Prices of Sugar** (Rs. per Kg)

YEAR/MONTH	2007	2008	2009	2010	2011
JANUARY	31.55	26.06	39.38	66.44	72.57
FEBRUARY	30.83	25.73	42.63	68.55	67.02
MARCH	30.63	25.44	43.83	64.87	68.14
APRIL	30.25	25.18	44.96	62.14	-
MAY	29.85	28.45	45.45	61.28	-
JUNE	28.38	29.75	45.65	63.27	-
JULY	29.20	31.68	46.96	66.68	-
AUGUST	30.17	32.70	52.16	72.26	-
SEPTEMBER	29.85	33.44	48.97	80.43	-
OCTOBER	29.36	37.61	45.75	81.91	-
NOVEMBER	28.75	37.72	45.75	87.98	-
DECEMBER	26.89	35.59	58.50	73.78	-
AVERAGE	29.64	30.80	46.66	70.80	69.24
	$0.49	$0.38	$0.57	$0.82	$0.80
	USD1=Rs.61	USD1=Rs.80	USD1=Rs.82	USD1=Rs.86	USD1=Rs.86

Pakistan Sugar Annual Report 2011, USDA Agricultural Foreign Gain Report # PK1104

Pakistan Sugar Mills Association
Sugar Production Marketing & Stock
Summary Season (2008-09)
As on 30th September' 2009

Sugarcane Plantation Area	1,029,400	Ha
Sugarcane Production	50,045,400	Tonnes
Sugarcane Utilized by Mills @ 66.22%	33,139,418	"
Sugar production @ 9.46 % Recovery	3,134,145	"
Carryover Stock	1,188,689	"
Import (2008-09)	125,743	"
Beet Sugar	947	"
Raw Sugar		"
Availability	**4,449,524**	**Tonnes**

Sale From: -		
Mills Sale from Production (2008-09)	2,460,055	Tonnes
Mills Sale from last Year's Prod (2007-08)	1,096,107	"
Sale from Import (2008-09)	26,805	"
Total Sale	**3,582,967 Tonnes**	
Recorded Export	(23,980)	"
Domestic Sale	**3,558,987**	"
Average Sale/ Month ÷ 12 months	296,582	"
Stock Situation		
Mills Stock from Production (2008-09)	675,037	"
Mills Stock from last Year's Prod (2007-08)	92,582	"
TCP Fresh Imported Stock	98,938	"
Total Stock Year (2008-09) ending 30-09-2009	**866,557**	"

Monthly Supply and Average Retail Price (2008-09)

	Sale	Rs. Kg
October	284,094	37.61
November	210,712	37.72
December	330,127	35.59
January	431,825	39.38
February	257,288	42.63
March	264,424	43.83
April	213,811	44.96
May	306,312	45.45
June	269,506	45.71
July	352,552	46.79
August	317,116	51.86
September	321,220	49.10
Total	**3,558,987**	
Average	**296,582**	**43.39**

CAPÍTULO 5. CITAÇÃO "PREÇO DE APOIO DA CANA-DE-AÇÚCAR: Os produtores de cana-de-açúcar exortam o governo a conceber uma política adequada - 19 de setembro de 2012

Os moageiros de açúcar exigiram que o governo definisse uma política adequada para fixar o preço de apoio anual da cana-de-açúcar, a fim de evitar que a indústria incorra em perdas, segundo fontes. Os moleiros afirmaram que o preço de apoio da cana-de-açúcar para a próxima época de moagem não deveria ser superior a 165 rúpias por 40 kg, uma vez que os moleiros ainda têm um stock de 600 000 toneladas de adoçante branco nos seus armazéns, enquanto a próxima moagem se aproxima rapidamente.

Os produtores de cana-de-açúcar já tinham instado o governo a fixar o preço mínimo de aquisição da cana-de-açúcar para a atual campanha em 225 rupias por 40 kg no Punjab central e 240 rupias por 40 kg em Rahim Yar Khan e Sindh, devido ao facto de esperarem um elevado nível de sacarose na cana-de-açúcar destas zonas, o que conduz a uma taxa de recuperação mais elevada para os moinhos.

Fontes do sector afirmaram que o governo deveria ter em conta todas as partes interessadas ao anunciar o preço de apoio da cana-de-açúcar para a próxima época de moagem. "Uma política sólida para fixar o preço de apoio oficial da cana-de-açúcar deve ser desenvolvida com a consulta de todas as partes interessadas", disseram fontes da PSMA.

Afirmaram que o governo estava a ponderar fixar o preço oficial da cana-de-açúcar em 200 rupias por 40 kg, o que era muito elevado tendo em conta as 400 000 toneladas de excedentes de existências dos moinhos. Um funcionário da PSMA disse que a associação tinha exigido ao governo que permitisse a exportação de mais 400 000 toneladas de açúcar antes do início da próxima época de moagem, uma vez que o país tem um excedente de existências deste produto. Ele disse que o governo deveria instruir a Corporação de Comércio do Paquistão (TCP) a manter 500.000 a 600.000 toneladas de açúcar como reservas estratégicas para atender às necessidades da Corporação de Lojas de Utilidade Pública (USC).

Os produtores ainda não receberam cerca de 11 mil milhões de rúpias dos produtores de açúcar pela cana-de-açúcar vendida durante a época de moagem anterior. O Paquistão aprovou a exportação de 300.000 toneladas de açúcar pela primeira vez em quase três anos.

http://www.brecorder.com/agriculture-a-allied/183:pakistan/1238360:sugarcane-support-price-millers-urge- government-to-devise-proper-policy/?date=2012-09-19

ÁREA E PRODUÇÃO DE CANA-DE-AÇÚCAR POR PROVÍNCIA

Province	Area ('000' hectares)			Production ('000' MT)		
	MY 2007/08	MY 2008/09	MY 2009/10	MY 2007/08	MY 2008/09	My 2009/10
Punjab	827.00	675.00	689.00	40,372	32,000	33,500
Sindh	310.00	264.00	280.00	18,300	14,760	15,350
NWFP	105.00	105.00	110.00	4,800	4,700	4,700
Baluch	0.50	0.80	1.00	28.0	40.0	50.00
Total	1240.00	1045.00	1080.00	63,500	51,500	53,600

Sources: Ministry of Food, Agriculture and Livestock; FAS/Islamabad

PREÇOS INDICATIVOS DA CANA-DE-AÇÚCAR POR PROVÍNCIA

(Rs. per 40 kg)

YEAR	PUNJAB	SINDH	NWFP	BALUCHISTAN
2000-01	35.00	36.00	35.00	36.00
2001-02	42.00	43.00	42.00	43.00
2002-03	40.00	43.00	42.00	43.00
2003-04	40.00	41.00	42.00	43.00
2004-05	40.00	43.00	42.00	43.00
2005-06	45.00	58.00	48.00	-
2006-07	60.00	67.00	48.00	-
2007-08	60.00	67.00	65.00	-
2008-09	80.00	81.00	65.00	-
2009-10	100.00	-	-	-

Fonte: Ministério da Alimentação, Agricultura e Pecuária; FAS/ Islamabad

Este fenómeno induz sempre em erro as estimativas da produção de açúcar, como é o caso das estimativas do MINFAL, que são desprovidas de factos, ou seja, a necessidade de sementes e forragens depende de uma quantidade básica necessária e não de uma determinada percentagem fixa, ou seja, geralmente considerada como 15% do tamanho da colheita de 63 milhões de toneladas e do tamanho da colheita de

42 milhões de toneladas, o que representa uma grande diferença. Por conseguinte, o pressuposto de uma utilização de 80% da cana-de-açúcar pelas fábricas é otimista e destina-se a culpar as fábricas que apresentam uma baixa produção.

Além disso, durante a baixa colheita da cana-de-açúcar, os agricultores fornecem cana-de-açúcar cheia de lixo, pelo que cerca de 0,10% da recuperação da cana-de-açúcar é consumida pelo lixo e queimada nas caldeiras. Este ano, cerca de 35 000 toneladas de açúcar perdido no lixo foram queimadas pelas fábricas.

Os dados tabelados que se seguem mostram a tendência histórica da baixa utilização da cana pelas fábricas durante os anos de baixa dimensão da colheita, associada a um ciclo climático desfavorável.

ANOS DE BAIXA PRODUÇÃO DE CANA-DE-AÇÚCAR

Anos	1995-96	1996-97	1999-00	2000-01	2004-05	2005-06	2008-09	2009-10 Est.
Área de plantação Ha	964,500	1,009,800	960,000	966,600	906,980	906,980	1,029,400	951,500
Produção de cana-de-açúcar.	42.23	42	42	43.59	43.53	44.29	50.05	48.62
Moinhos Utilização da cana	28.15	27.35	28.98	29.41	32.1	30.1	33.73	34.03
% de idade de utilização	62.24	65.13	69	67.47	73.74	67.94	67.41	70.00

Fonte: Relatório Anual da PSMA 2009

Pelo contrário, durante os anos de alta produção de cana-de-açúcar, uma percentagem muito mais elevada do açúcar da cana-de-açúcar é fornecida aos moinhos, por exemplo: -

ANOS DE ELEVADA PRODUÇÃO DE CANA-DE-AÇÚCAR

Anos	1997-98	1998-99	2001-02	2002-03	2003-04	2006-07	2007-08
Área de plantação Ha	1,056,200	1.155.000	999,700	1,099,700	1,074,700	1,029,000	1,241,300
Produção de cana-de-açúcar.	53.1	55.19	48.04	52.05	53.8	64.67	63.92
Utilização de cana de moinho	41.06	42.99	36.71	41.79.	43.66	40.48	52.78
% de idade de utilização	77.32	77.9	76.33	80.28	81.15	73.78	82.54

Fonte: Relatório Anual da PSMA 2009

Da mesma forma, o desvio para o Gur é mais lucrativo durante a safra de tamanho curto, uma forte alavanca usada pelos produtores para empurrar o preço da cana-de-açúcar para cima para maximizar os benefícios da baixa produção.

PREÇO DE APOIO DA CANA-DE-AÇÚCAR, ENTREGA NA MOENDA (40 KG) PRÉMIO DE QUALIDADE Q.P.

ANO	PUNJAB	SINDH	KPK	QP
1994-95	20.50	20.75	20.50	0.27
1995-96	21.50	21.75	21.50	0.27
1996-97	24.25	24.50	24.25	0.27
1997-98	35.00	36.00	35.00	0.32
1998-99	35.00	36.00	35.00	0.50
1999-00	35.00	36.00	35.00	0.50
2000-01	35.00	36.00	35.00	0.50
2001-02	42.00	43.00	42.00	0.50

2002-03	40.00	43.00	40.00	0.50
2003-04	40.00	41.00	40.00	0.50
2004-05	40.00	43.00	40.00	0.50
2005-06	45.00	60.00	45.00	0.50
2006-07	60.00	67.00	65.00	0.50
2007-08	60.00	67.00	65.00	0.50
2008-09	80.00	81.00	80.00	0.50
2009-10	100.00	102.00	100.00	0.50

Tabela 5(1): Preço de apoio da cana-de-açúcar, entrega na moenda (40 KG)

PREÇO DE APOIO DA CANA-DE-AÇÚCAR EM COMPARAÇÃO COM O PREÇO MÉDIO DE RETALHO DA ÉPOCA PSMA 2009

ANO	PUNJAB	SINDH	KBK	PREÇO MÉD. PREÇO DO AÇÚCAR/KG
1994-95	20.50	20.75	20.50	14.36
1995-96	21.50	21.75	21.50	17.86
1996-97	24.25	24.50	24.25	21.46
1997-98	35.00	36.00	35.00	18.75
1998-99	35.00	36.00	35.00	19.63
1999-00	35.00	36.00	35.00	22.85
2000-01	35.00	36.00	35.00	26.73
2001-02	42.00	43.00	42.00	22.00
2002-03	40.00	43.00	40.00	19.83
2003-04	40.00	41.00	40.00	19.26
2004-05	40.00	43.00	40.00	25.31

2005-06	45.00	60.00	45.00	33.07
2006-07	60.00	67.00	65.00	30.60
2007-08	60.00	67.00	65.00	28.62
2008-09	80.00	81.00	80.00	43.39
2009-10	100.00	102.00	100.00	

Fonte: MINFAL Ministério da Alimentação, Agricultura e Pecuária; FAS/ Islamabad

GRÁFICO DO PREÇO DA CANA-DE-AÇÚCAR / PREÇO DE RETALHO DO AÇÚCAR DA ÉPOCA

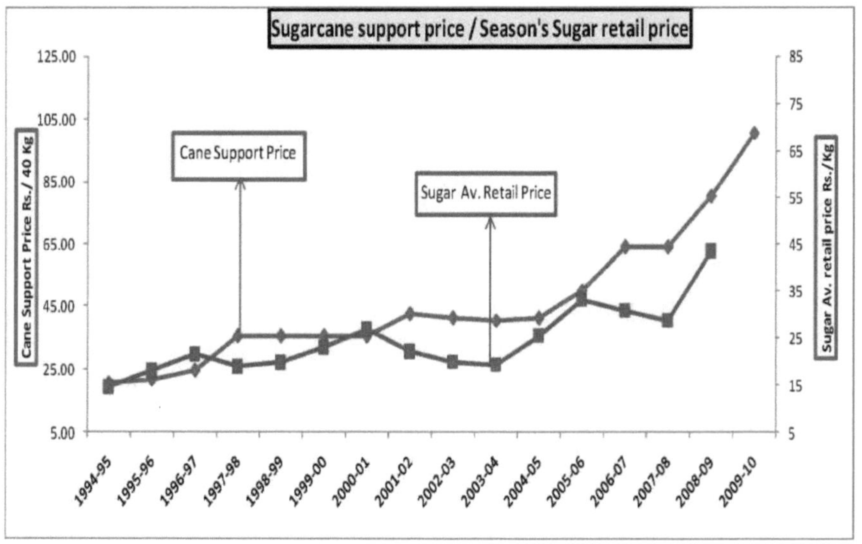

Fonte: Relatório anual de 2009 da Associação dos Moinhos de Açúcar do Paquistão
(PSMA)

CONCLUSÃO

O país enfrenta a pior situação da sua história no sector do açúcar, com o preço médio do açúcar/kg a atingir 43,39 rupias em 2008-09 e 28,62 rupias em 2007-08 no mercado retalhista, o preço médio por grosso, incluindo o imposto sobre as vendas/kg, 38,18 rupias em 2008-09 e 24,82 rupias em 2007-08 no mercado grossista. Os preços do açúcar subiram devido à situação entre a oferta e a procura. A oferta no mercado não é suficiente para satisfazer a procura atual.

A principal razão para o atual aumento dos preços do açúcar é criada pelos açambarcadores, grossistas e proprietários de engenhos. Se não for fixado um preço de apoio para a cana-de-açúcar, as fábricas aumentarão a colheita em função da oferta e da qualidade da cana. Uma vez que não é possível aumentar a área cultivada com cana-de-açúcar, o segundo passo sugerido é empreender esforços para desenvolver novas variedades que ofereçam maior rendimento e recuperação.

Tal resultará numa maior produção de cana-de-açúcar e em melhores rendimentos para os produtores sem aumentar os preços de apoio, numa melhor utilização da capacidade das fábricas, numa maior produção de açúcar, numa redução do custo de produção por quilograma de açúcar, em mais receitas para o governo, em preços estáveis para os consumidores e em melhores dividendos para os acionistas das sociedades anónimas.

A indústria açucareira merece um preço de mercado justo, tendo em conta o seu custo de produção mais a rentabilidade económica do capital próprio. Uma vez que o custo de produção do açúcar depende inteiramente, em cerca de 85%, do quadro político governamental, só o governo deve resolver as questões pendentes.

24

Referências:

- Relatório anual de 2009 da Pakistan Sugar Mills Association Sindh Zone (PSMA SZ)

- Relatório Anual do Açúcar do Paquistão 2008/09 Serviço Agrícola Estrangeiro do USDA Relatório de ganhos.

- Inquérito Económico do Paquistão, 2008-09, 2006-07 e 2004-05.

- Governo do Paquistão, Ministério da Alimentação, Agricultura e Pecuária, Secção Económica, Islamabad.

- Relatórios anuais da All Pakistan Sugar Mills Association 2008-09, 2007-08, 2006-07 e 2005-06.

- Governo do Paquistão. 1988. Relatório da Comissão Nacional para a Agricultura, Islamabad, Paquistão.

- Banco Estatal do Paquistão, O estado da economia do Paquistão, Regimes de financiamento da agricultura.

- Governo do Paquistão 2003-04. "Economic Survey", Economic Advisor's Wing Finance Division - Ministério das Finanças, Islamabad.

- http://www.statpak.gov.pk/fbs/sites/default/files/other/NL-January-2011 Gabinete Federal de Estatística.

- Preço de apoio da cana-de-açúcar: September 19, 2012 by Business Recorder, Karachi http://www.brecorder.com/agriculture-a-allied/183:pakistan/1238360:sugarcane-support-price-millers-urge-_government-to-devise-proper-policy/?date=2012-09-19

Apêndices

Sugarcane Indicative Price
Mill-Gate Delivery (Per 40 Kg)

Year	Punjab	Sindh	NWFP	Quality Premium
1990-91	15.25	15.75	15.25	0.19
1991-92	16.75	17.00	16.75	0.22
1992-93	17.50	17.75	17.50	0.22
1993-94	18.00	18.25	18.00	0.22
1994-95	20.50	20.75	20.50	0.27
1995-96	21.50	21.75	21.50	0.27
1996-97	24.25	24.50	24.25	0.27
1997-98	35.00	36.00	35.00	0.32
1998-99	35.00	36.00	35.00	0.50
1999-00	35.00	36.00	35.00	0.50
2000-01	35.00	36.00	35.00	0.50
2001-02	42.00	43.00	42.00	0.50 (Indicative price)
2002-03	40.00	43.00	40.00	0.50
2003-04	40.00	41.00	40.00	0.50
2004-05	40.00	43.00	40.00	0.50
2005-06	45.00	60.00	45.00	0.50
2006-07	60.00	67.00	65.00	0.50
2007-08	60.00	67.00	65.00	0.50
2008-09	80.00	81.00	80.00	0.50
2009-10	100.00	102.00	100.00	0.50
2010-11	125.00	127.00	125.00	0.50
2011-12	150.00	154.00	150.00	0.50
2012-13	170.00	172.00	170.00	0.50
2013-14	170.00	172.00	170.00	0.50
2014-15	180.00	*182.00	180.00	0.50
2015-16	180.00	172	180.00	0.50

<u>**Sugarcane Indicative Price in Comparison
with Season's Avg. Retail Price 1994 – 2016**</u>

Year	Punjab	Sindh	Khyber Pakhtunkhwa	Av Sugar Price/Kg
1994-95	20.50	20.75	20.50	14.36
1995-96	21.50	21.75	21.50	17.86
1996-97	24.25	24.50	24.25	21.46
1997-98	35.00	36.00	35.00	18.75
1998-99	35.00	36.00	35.00	19.63
1999-00	35.00	36.00	35.00	22.85
2000-01	35.00	36.00	35.00	26.73
2001-02	42.00	43.00	42.00	22.00
2002-03	40.00	43.00	40.00	19.83
2003-04	40.00	41.00	40.00	19.26
2004-05	40.00	43.00	40.00	25.31
2005-06	45.00	60.00	45.00	31.16
2006-07	60.00	67.00	65.00	31.85
2007-08	60.00	67.00	65.00	27.92
2008-09	80.00	81.00	80.00	38.72
2009-10	100.00	102.00	100.00	57.11
2010-11	125.00	127.00	125.00	72.72
2011-12	150.00	154.00	150.00	60.99
2012-13	170.00	172.00	170.00	53.25
2013-14	170.00	172.00	170.00	53.82
2014-15*	180.00	**182.00	180.00	56.37
2015-16	180.00	172.00	180.00	-

Sugarcane support price is per 40 Kg,
Retail Price is Season's Average/Kg
Source: P.G. E.S.P
[* 2014-15: (July-April)]
** Sub judicious

http://www.psmacentre.com/statistics.php?stid=1&type=national&status=
1&link=6&page=suporte à cana-de-açúcar

Punjab mantém o preço da cana-de-açúcar inalterado em Rs180/40kg

A política irracional de preços da cana-de-açúcar em Sindh

http://www.dawn.com/news/1232025

Atraso no preço de apoio: Os produtores de cana-de-açúcar de Sindh apelam à intervenção do PM

http://www.pakistantoday.com.pk/2015/12/26/business/support-price-adiar-sindh-sugarcane-growers-appeal-pm-for-intervention/

Fixação dos preços da cana-de-açúcar e do açúcar

Qual o preço da cana-de-açúcar?

14.4 Exports by Economic Categories (Summary)

(Million rupees)

Year	Month	Total	Primary commodities	Semi-manufactures goods	Manufactured goods
2010-11		2,120,846.7	377,535.8	274,500.4	1,468,810.5
2011-12		2,110,605.5	362,404.4	261,831.4	1,486,369.7
2012-13		2,366,477.8	364,127.0	391,151.3	1,611,199.5
2013-14		2,583,463.2	420,496.3	369,066.1	1,793,900.8
2014-15		2,397,513.0	402,750.3	352,073.7	1,642,689.0
2015	Apr	202,250.6	34,804.2	29,374.1	138,072.3
	May	198,389.8	29,647.5	31,785.8	136,956.5
	Jun	184,069.2	25,831.2	24,752.2	133,485.8
	Jul	161,533.5	19,864.4	21,302.2	120,366.9
	Aug	187,222.4	24,057.3	26,800.4	136,364.7
	Sep	179,817.5	26,827.4	22,599.6	130,390.5
	Oct	179,927.0	29,448.5	22,641.7	127,836.8
	Nov	174,781.5	32,329.8	19,378.3	123,073.4
	Dec	186,486.4	36,279.7	20,291.3	129,915.5
2016	Jan	185,298.2	34,192.5	18,426.3	132,679.4
	Feb	186,869.1	33,922.5	24,805.8	128,140.8
	Mar	181,891.1	31,597.1	23,379.8	126,914.2
	Apr *	179,622.0	30,472.3	17,403.9	131,745.9

Note: Totals may not tally due to rounding of figures.
* Provisional

SUPPORT/INDICATIVE PRICES OF SUGARCANE

(Rs. per 40 kgs.)

Year	At factory gate			
	Punjab	**Sindh**	**KPK**	**Balochistan**
1993-94	18.00	18.25	18.00	18.25
1994-95	20.50	20.75	20.50	20.75
1995-96	21.50	21.75	21.50	21.75
1996-97	24.00	24.50	24.00	24.50
1997-98	35.00	36.00	35.00	36.00
1998-99	35.00	36.00	35.00	36.00
1999-00	35.00	36.00	35.00	36.00
2000-01	35.00	36.00	35.00	36.00
2001-02	42.00	43.00	42.00	43.00
2002-03	42 @	43 @	42.00	43.00
2003-04	40.00	41.00	42.00	43.00
2004-05	40.00	43.00	42.00	43.00
2005-06	45.00	60.00	48.00	-
2006-07	60.00	67.00	65.00	-
2007-08	60.00	67.00	65.00	-
2008-09	80.00	81.00	80.00	-
2009-10	100.00	102.00	100.00	-
2010-11	125.00	127.00	125.00	-

@ =The Federal Government did not fix support price of sugarcane for 2002-03. Nevertheless, Government of the Punjab in 2002 and Sindh in December 2002 fixed the minimum purchase prices of sugarcane, at factory gate as Rs.40 and Rs. 43 per 40 kg.

Source:- Agricultural Policy Institute

✓ Índice de Preços no Consumidor (IPC)

✓ Indicador de Preços Sensíveis (SPI)

✓ Índice de Preços por Atacado (WPI)

A. ÍNDICE DE PREÇOS NO CONSUMIDOR (IPC)

O Índice de Preços no Consumidor (IPC) é considerado a medida mais comum da inflação geral. Mede as alterações no custo de aquisição de um cabaz fixo representativo de bens e serviços e indica geralmente a taxa de inflação no país.

B. INDICADOR DE PREÇOS SENSÍVEL (SPI)

O Indicador de Preços Sensíveis (IPS) é calculado semanalmente para avaliar o movimento dos preços dos produtos essenciais num curto intervalo de tempo, de modo a analisar a situação dos preços no país.

C. ÍNDICE DE PREÇOS POR GROSSO (WPI)

O Índice de Preços por Atacado (WPI) foi concebido para medir o movimento direcional dos preços de um conjunto de artigos selecionados nos mercados primário e grossista. Os artigos abrangidos pela série são aqueles que podem ser definidos com precisão e são oferecidos em lotes pelos produtores/fabricantes. Os preços utilizados são geralmente os que estão em conformidade com a realização dos vendedores primários à saída do mercado, à saída da fábrica ou a um nível organizado de venda por grosso

Table: Prices of Sugarcane by Province
(Rs. per 40 kg)

YEAR	PUNJAB	SINDH	NWFP	BALUCHISTAN
2000-01	35.00	36.00	35.00	36.00
2001-02	42.00	43.00	42.00	43.00
2002-03	40.00	43.00	42.00	43.00
2003-04	40.00	41.00	42.00	43.00
2004-05	40.00	43.00	42.00	43.00
2005-06	45.00	58.00	48.00	-
2006-07	60.00	67.00	48.00	-
2007-08	60.00	67.00	65.00	-
2008-09	80.00	81.00	65.00	-
2009-10	100	100	100	-
2010-11	125	127	125	-

Table: Monthly Average Retail Prices of Sugar (Rs. per Kg)

YEAR/MONTH	2007	2008	2009	2010	2011
JANUARY	31.55	26.06	39.38	66.44	72.57
FEBRUARY	30.83	25.73	42.63	68.55	67.02
MARCH	30.63	25.44	43.83	64.87	68.14
APRIL	30.25	25.18	44.96	62.14	-
MAY	29.85	28.45	45.45	61.28	-
JUNE	28.38	29.75	45.65	63.27	-
JULY	29.20	31.68	46.96	66.68	-
AUGUST	30.17	32.70	52.16	72.26	-
SEPTEMBER	29.85	33.44	48.97	80.43	-
OCTOBER	29.36	37.61	45.75	81.91	-
NOVEMBER	28.75	37.72	45.75	87.98	-
DECEMBER	26.89	35.59	58.50	73.78	-
AVERAGE	**29.64** **$0.49** USD1=Rs.61	**30.80** **$0.38** USD1=Rs.80	**46.66** **$0.57** USD1=Rs.82	**70.80** **$0.82** **USD1=Rs.86**	**69.24** **$0.80** USD1=Rs.86

Trade:

For MY 2011/12 sugar imports are forecast at 600,000 MT and MY 2010/11 sugar imports are estimated at 250,000 MT. Pakistan actually subjects imports raw sugar to a 25 percent import duty, whereas, imports of refined sugar are allowed to enter duty free.

Sugar, Centrifugal Pakistan	2009/2010		2010/2011		2011/2012	
	Market Year Begin: Oct 2009		Market Year Begin: Oct 2010		Market Year Begin: Oct 2011	
	USDA Official	New Post	USDA Official	New Post	USDA Official	New Post
Beginning Stocks	550	550	730	830	0	680
Beet Sugar Production	20	20	20	20	0	20
Cane Sugar Production	3,400	3,400	3,250	3,900	0	3,800
Total Sugar Production	3,420	3,420	3,270	3,920	0	3,820
Raw Imports	0	0	750	100	0	200
Refined Imp.(Raw Val)	1,030	1,030	450	150	0	400
Total Imports	1,030	1,030	1,200	250	0	600
Total Supply	5,000	5,000	5,200	5,000	0	5,100
Raw Exports	0	0	0	0	0	0
Refined Exp.(Raw Val)	70	70	70	70	0	70
Total Exports	70	70	70	70	0	70
Human Dom. Consumption	4,200	4,100	4,280	4,250	0	4,300
Other Disappearance	0	0	0	0	0	0
Total Use	4,200	4,100	4,280	4,250	0	4,300
Ending Stocks	730	830	850	680	0	730
Total Distribution	5,000	5,000	5,200	5,000	0	5,100
TS=TD	0	0	0	0	0	0

Crop Statistics per Season:

1.	Area harvested	33,600 hectares
2.	Yield per hectare	77.7 tons
3.	Cane harvested	2.6 million tons
4.	Sugar production	269000 tons
5.	Sugar recovery as a percentage of cane crushed.	10.35%
6.	Crushing season	154 days
7.	Average Cane crushed per day	16800 tons

Year	Sugar Production (excluding Beet) Tons	Avg. market price per ton Rs. Million	Cost of sugar at current market prices. Rs. Million	Value of large scale mfg at current Factor-cost Rs. Million	Sugar industry Contribu-tion in LSM %	Total Gross Domestic Prod at Market Price Rs. Million	Sugar industry Contribu tion In GDP at Market price %
1995-96	2,449,598	14,630	35838	226,482	15.8	2,141,842	1.7
1996-97	2,378,751	14,099	33538	255,798	13.1	2,457,381	1.4
1997-98	3,548,953	18,274	64854	284,725	22.8	2,677,656	2.4
1998-99	3,530,931	15,585	55030	308,110	17.9	2,913,514	1.9
1999-00	2,414,746	25,000	60369	319,346	18.9	3,173,685	1.9

Source: Pakistan Economic Survey 1999-2000
FC: Factor cost   MP: Market price   LSM: Large scale manufacturing

Graph I - Population Growth

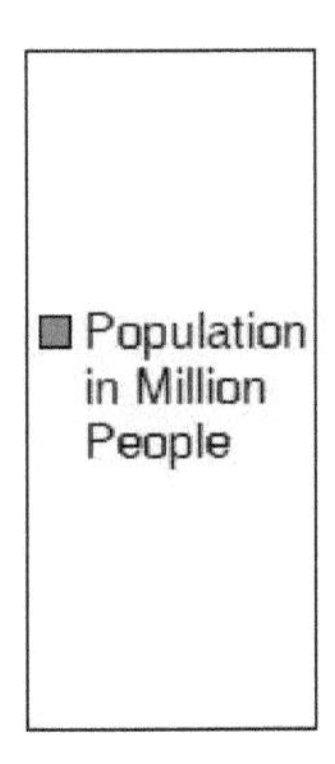

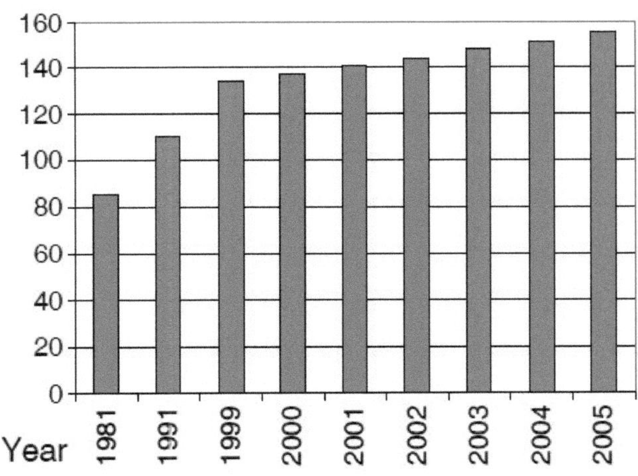

Graph IA - Domestic Sugar Consumption

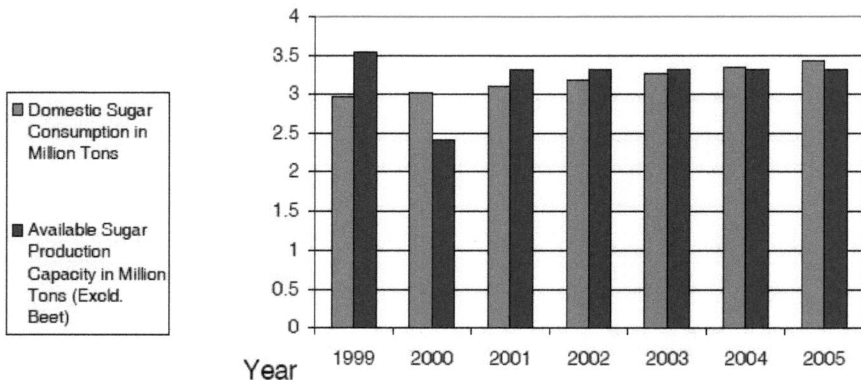

Availability Sugar capacity in 1999 and 2000 represents actual capacity utilized

SUGAR INDUSTRY CONTRIBUTION IN LARGE SCALE MANUFACTURING

39

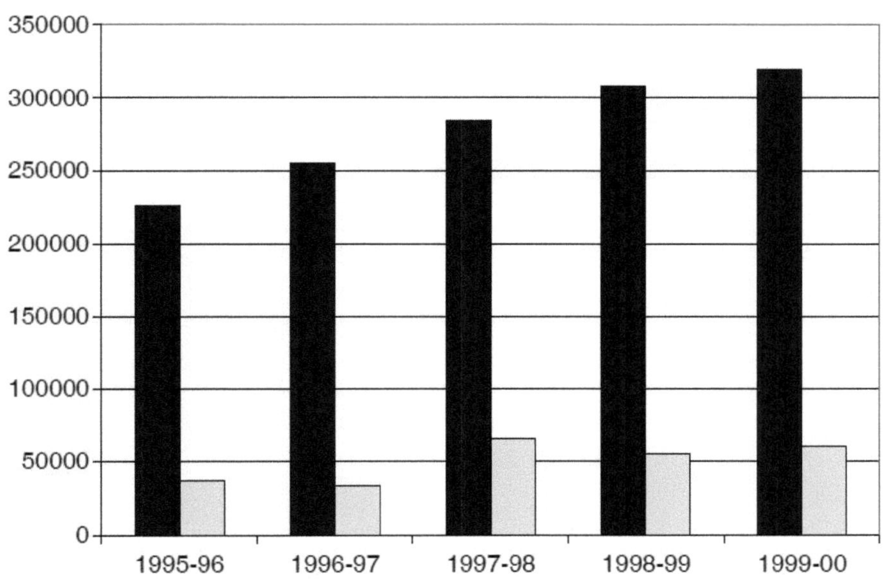

YEAR/MONTH	2007	2008	2009	2010	2011
JANUARY	31.55	26.06	39.38	66.44	72.57
FEBRUARY	30.83	25.73	42.63	68.55	67.02
MARCH	30.63	25.44	43.83	64.87	68.14
APRIL	30.25	25.18	44.96	62.14	-
MAY	29.85	28.45	45.45	61.28	-
JUNE	28.38	29.75	45.65	63.27	-
JULY	29.20	31.68	46.96	66.68	-
AUGUST	30.17	32.70	52.16	72.26	-
SEPTEMBER	29.85	33.44	48.97	80.43	-
OCTOBER	29.36	37.61	45.75	81.91	-
NOVEMBER	28.75	37.72	45.75	87.98	-
DECEMBER	26.89	35.59	58.50	73.78	-
AVERAGE	29.64 $0.49 USD1=Rs.61	30.80 $0.38 USD1=Rs.80	46.66 $0.57 USD1=Rs.82	70.80 $0.82 USD1=Rs.86	69.24 $0.80 USD1=Rs.86

Pakistan Sugar Annual Report 2011, USDA Agricultural Foreign Gain Report # PK1104

Inquérito económico do Paquistão - Baseado no ano fiscal de 2015-16 (julho-abril de 2016)

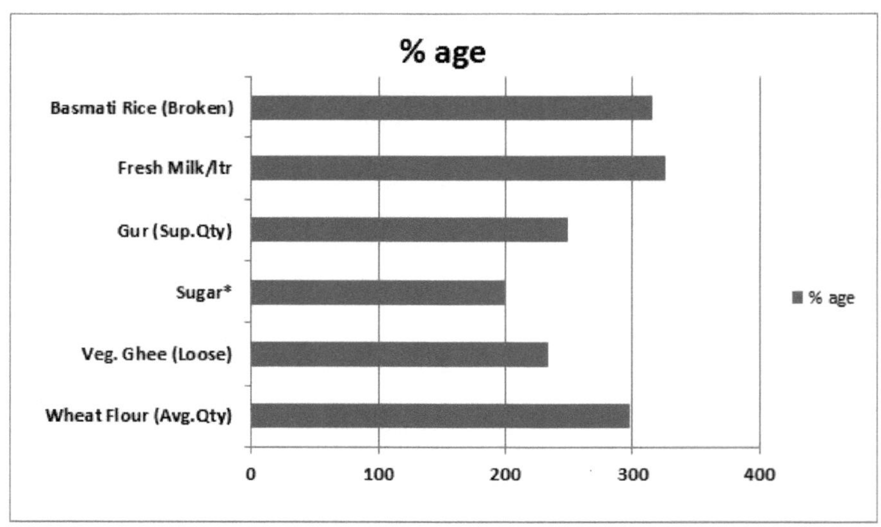

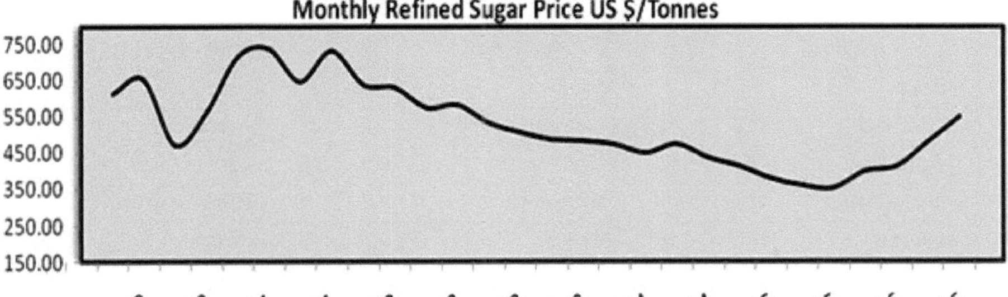

400.87	409.23	415.73	388.39	436.29	438.45	474.05	527.53	541.33	538.80	570.70	**460.82**		
2014-15	428.59	420.59	397.97	397.80	384.33	364.95	367.38	365.28	352.15	358.72	341.01	348.83	**377.30**
2013-14	499.90	471.25	449.61	424.34	454.76	471.84	468.19	478.00	476.27	458.03	437.52	421.61	**459.28**
2012-13	557.85	521.88	518.54	505.36	499.06	518.01	500.88	482.20	483.03	477.42	484.63	485.20	**502.84**
2011-12	676.87	635.55	604.92	620.66	634.83	638.24	601.56	555.14	571.02	621.14	568.77	560.65	**607.45**
2010-11	682.97	719.41	747.52	770.36	746.21	701.88	655.56	599.94	688.47	769.50	736.20	694.41	**709.41**
2009-10	592.38	596.70	646.46	729.90	705.84	529.62	479.21	453.94	482.59	542.17	534.13	601.31	**574.52**
2008-09	337.08	330.67	319.58	347.70	388.35	392.24	405.16	444.87	445.45	468.42	556.93	576.71	**417.76**
2007-08	279.93	285.35	304.27	338.00	365.12	353.48	352.52	333.05	356.92	379.85	397.20	387.62	**344.44**
2006-07	376.08	371.24	348.04	329.82	328.00	335.91	314.79	322.85	312.32	313.05	285.99	277.61	**326.31**
2005-06	311.84	288.26	329.98	383.10	440.51	450.92	471.02	481.07	461.46	460.63	400.16	379.34	**404.86**
2004-05	247.18	248.43	247.46	256.42	266.65	265.23	258.71	259.02	277.90	324.10	326.25	323.25	**275.05**
2003-04	184.95	191.43	203.00	201.87	210.28	233.54	246.64	236.76	236.50	260.50	260.16	245.21	**225.90**
2002-03	214.76	224.00	225.95	228.00	242.00	231.42	223.56	219.37	212.82	217.03	215.06	197.50	**220.96**
2001-02	224.63	248.45	253.96	261.89	238.09	238.31	222.43	227.28	220.77	225.81	227.31	213.52	**233.54**
2000-01	259.25	242.94	241.39	248.45	234.78	226.18	233.89	258.15	279.53	277.77	266.30	234.99	**250.30**

Source:� " LIFFEE London / ISO"

<u>10 LARGEST</u>
<u>NET-EXPORTERS (in Million Metric Tonnes, Raw Value)</u>

	TOT L			RAW SU			WHI E SUG R	
1	Brazil	4.01	1	Brazil	18.93	1	Brazil	5.08
2	Thailand	7.97	2	Australia	4.20	2	Thailand	4.13
3	Australia	4.28	3	Thailand	3.83	3	India	2.50
4	Guatemala	2.16	4	Guatemala	1.14	4	Guatemala	1.02
5	Mexico	1.67	5	Mexico	1.02	5	Mexico	0.65
6	India	1.26	6	Cuba	1.01	6	Pakistan	0.56
7	Cuba	1.07	7	El Salvador	0.47	7	EU-28	0.53
8	Colombia	0.66	8	Nicaragua	0.29	8	Colombia	0.50
9	Pakistan	0.66	9	Swaziland	0.24	9	Mauritius	0.40
10	Swaziland	0.62	10	Mozambique	0.23	10	Belarus	0.38

<u>NET-IMPORTERS (in Million Metric Tonnes, Raw Value)</u>

	TOTAL			RAW SUGAR			WHITE SUGAR	
1	China	5.65	1	China	4.13	1	China	1.52
2	Indonesia	3.62	2	Indonesia	3.53	2	Sudan	1.46
3	USA	3.16	3	EU-28	2.33	3	USA	0.87
4	Bangladesh	2.15	4	USA	2.30	4	Uzbekistan	0.56
5	EU-28	1.80	5	Bangladesh	2.14	5	Saudi Arabia	0.56
6	Malaysia	1.70	6	Malaysia	1.78	6	Sri Lanka	0.54
7	Algeria	1.53	7	Korea, Rep. of	1.68	7	Syria.	0.43
8	Korea, Rep. of	1.51	8	Algeria	1.67	8	Chile	0.36
9	Nigeria	1.48	9	Nigeria	1.48	9	Myanmar.	0.35
10	Sudan	1.29	10	Japan.	1.28	10	Russian Fed.	0.33

Source: -   ISO Sugar Year Book 2016 data 2015

42

Sugarcane & Sugar – I					
Sugar Year (Oct-Sept.)	2006-07	2007-08	2008-09	2009-10	2010-11
Sugarcane Area (Hect)	1,029,000	1,241,300	1,029,400	942,870	987,700
Sugarcane produced	54,871,000	63,920,000	50,045,400	49,372,860	55,444,100
Yield (Tonnes/Hect)	53.1	51.49	48.6	52.36	56.4
Cane Utilized by Mills	40,483,977	52,776,922	33,733,266	34,604,070	44,511,571
percentage of utilization	73.78	82.6	67.41	70.09	82.36
Cane indicative price Punjab, KP / Sindh	60 / 65 / 67	60 / 65 / 67	80 / 80 / 81	100/100/102	125/125/127
Average Recovery (%)	8.69	8.98	9.45	9.05	9.25
Sugar Production (Cane)	3,516,218	4,740,913	3,188,561	3,132,709	4,119,516
Sugar Production (Beet)	7,865	5,532	947	4,641	13,535
Sugar Production (Raw)	2,860	5,929	-		39,678
Total Sugar Production	3,526,943	4,752,374	3,189,508	3,137,350	4,172,729
Beginning Stocks 1st Oct.	1,310,862	986,160	1,188,689		1,033,003
Imports/TCP	106,747	24,531	125,743	478,155	755,417
Total Available	4,944,552	5,763,065	4,503,940	4,482,062	5,205,732
Export	12	277,339	23,980		Nil
End Stock 30th Sep.	986,160	1,188,689	866,557	100,000	1,109,321
Consumption / Marketing	3,958,380	4,297,037	3,613,403	4,186,062	4,096,411
Average Consumption / month	329,865	358,086	301,117	348,839	341,367
Season's Av. retail price Rs./ kg	30.63	28.62	43.39	63.41	72.82
International Sugar Price US $/Tonne	326.31	344.44	417.76	574.52	709.37
Molasses Prod. (C+B+R)*	,911,102	2,663,780	1,560,286	1,557,457	2,034,729

* Cane + Beet + Raw
Sources: FBS, ISO, Zonal Offices

Sugarcane & Sugar - II »

Sugarcane & Sugar – II Estimates					
Sugar Year(Oct-Sept.)	2011-12	2012-13	2013-14	2014-15	2015-16
Sugarcane area (hect)	1,046,000	1,128,098	1,171,687	1,149,929	1,132,216
Sugarcane produced(Tonnes)	58,038,200	63,718,523	67,427,975	63,203,485	61,607,794
Yield (Tonnes/Hect)	55.48	56.5	57.55	54.96	51.56
Cane Utilized by Mills	48,248,535	50,089,483	56,460,524	50,795,218	49,902,313
Percentage of utilization	83	80	84	80.4	81
Cane indicative price Punjab, KP, Sindh	150/150/152	170/170/172	170/172/170	180/182***/180	180/172/180
Average recovery (%)	9.68	10.04	9.9	10.12	10.12
Sugar Production (cane)	4,652,164	5,030,129	5,587,568	5,139,566	5,050,114
Sugar Production (beet)	18,216	33,028	27,389	22,727	30,000
Sugar Production (raw)	-	-	-	-	-
Total Sugar Production	4,670,380	5,063,158	5,614,957	5,162,293	5,080,114
Beginning Stocks 1st Oct.		*1,394,013	844,171	1,197,128	1,344,421
Imports/TCP	-	**25,043	**32,259	**28,166	-
Total Available	5,779,701	6,457,171	6,459,128	6,359,421	-
Export	48,672	1,193,000	750,000	415,000	-
End Stock 30th Sep. (Mills)	1,394,013	844,171	1,197,128	1,344,421	-
Consumption / Marketing	4,385,688	4,420,000	4,512,000	4,600,000	-
Average Consump. / month	365,688	368,333	376,000	383,333	-
Season's Av. Retail price / kg	57.16	53.41	54.80	58.91	-
Intl. Av. Sugar Trade Price US $/T	607.45	502.84	459.28	377.30	-
Molasses Prod. (C+B+R) *	2,207,632	2,252,751	2,524,202	2,247,137	-

*   C: Cane, B: Beet, R: Raw
** TCP stock as on 31-08-2015(Ignored)
*** Sub Judicious
Sources: FBS, ISO, Zonal Offices

Sugarcane & Sugar - I

* * * * *

yes
I want morebooks!

Buy your books fast and straightforward online - at one of world's fastest growing online book stores! Environmentally sound due to Print-on-Demand technologies.

Buy your books online at
www.morebooks.shop

Compre os seus livros mais rápido e diretamente na internet, em uma das livrarias on-line com o maior crescimento no mundo! Produção que protege o meio ambiente através das tecnologias de impressão sob demanda.

Compre os seus livros on-line em
www.morebooks.shop

Printed by Books on Demand GmbH, Norderstedt / Germany